DÉPÔT LÉGAL

PRIME GRATUITE
offerte par le
Journal Général
DE L'ALGÉRIE ET DE LA TUNISIE
RUE PÉLISSIER, ALGER

❋

Cahier

des Clauses

et

Conditions
Générales

❋

imposées

aux Entrepreneurs
de Travaux militaires

19 Avril 1902

ALGER
IMPRIMERIE ORIENTALE PIERRE FONTANA
3, RUE PÉLISSIER, 3

1906

SOCIÉTÉ GÉNÉRALE

DES

TUILERIES DE MARSEILLE & Cie

35 USINES A VAPEUR 35

Production annuelle : 400 millions de Pièces

LES FILS DE B. NYER

3, Rue Buneautre, 3, MUSTAPHA-ALGER

Monopole de la vente pour le département d'Alger

Nos tuiles, dont la réputation est universelle, sont fabriquées avec des produits de toute première qualité et avec un outillage perfectionné qui en font la première tuile du monde. Seules elles résistent à l'**air salin**, cependant si corrosif, et les vapeurs acides ne les détériorent pas, tandis que toutes les autres tuiles similaires en sont atteintes.

Elles se distinguent par leur légèreté, leur dureté, et leur force de résistance est telle, qu'elles ne cassent qu'à un effort de 156 kilos par centimètre carré. Nos tuiles ont été adoptées par tous les Ministères et imposées dans leurs adjudications.

Elles sont très lisses, ce qui facilite l'écoulement de l'eau, empêche les infiltrations, la formation des mousses, tandis que les produits similaires, ne possédant pas ces qualités, sont d'un emploi défectueux.

CARREAUX, BRIQUES de tout premier choix ainsi que **TOUS PRODUITS CÉRAMIQUES** nécessaires à la construction moderne.

☞ NOTA. — Ne pas confondre les tuiles de la **Société Générale des Tuileries de Marseille** avec les tuiles similaires venant de Marseille.

Il ne faut que 13 tuiles 1/2 au mètre carré, tandis qu'il faut 15 tuiles de fabrication algérienne.

CAHIER

DES

CLAUSES ET CONDITIONS GÉNÉRALES

IMPOSÉES AUX

ENTREPRENEURS DE TRAVAUX MILITAIRES

———— >×—◇< ————

Paris, le 19 avril 1902.

DISPOSITIONS GÉNÉRALES

ARTICLE PREMIER.. — Tous les marchés relatifs à l'exécution des travaux dépendant du Département de la Guerre, qu'ils soient passés dans la forme d'adjudication publique, ou qu'ils résultent de conventions faites de gré à gré, sont soumis, en tout ce qui leur est applicable, aux dispositions ci-après.

Les garanties à exiger des entrepreneurs, avec lesquels il est passé des marchés de gré à gré, sont déterminés par des instructions ministérielles.

Il est procédé aux adjudications par les soins d'une commission et conformément aux dispositions des lois, décrets et règlements en vigueur.

TITRE Ier

ADJUDICATIONS

Conditions à remplir pour être admis aux adjudications.

ART. 2. — Nul n'est admis à concourir aux adjudications s'il n'est Français et s'il ne produit une déclaration indiquant son

---

intention de soumissionner, des références et un acte régulier de cautionnement, ou si, étant étranger, mais domicilié en France ou en Algérie, il ne présente une décision spéciale du Ministre de la Guerre l'autorisant à concourir.

Aucune société n'est admise à prendre part aux adjudications si elle n'est organisée conformément aux lois françaises en vigueur ; si la ou les personnes qui ont qualité pour traiter en son nom ne sont de nationalité française ; si la société n'a une durée au moins égale à celle du marché à intervenir et si, en outre, elle ne satisfait aux autres conditions énumérées au premier alinéa du présent article.

Déclarations et références.

Art. 3. — La déclaration fait connaître les nom, prénoms, qualité et domicile du candidat, et spécifie, si la construction comprend plusieurs lots donnant lieu à des marchés distincts, les numéros et la nature des lots pour lesquels il demande à concourir.

Les références consistent en une note émanée du candidat et indiquant le lieu, la date, la nature et l'importance des travaux qu'il a exécutés, ainsi que les noms, qualités et domiciles des hommes de l'art sous la direction desquels il les a exécutés. Les certificats délivrés par ces hommes de l'art peuvent être joints à la note.

Les déclarations et les références sont présentées, huit jours au moins avant l'adjudication, au directeur du service, qui les vise à titre de communication et les transmet en temps utile au membre technique de la commission d'adjudication.

Les entrepreneurs sont avisés, au moins trois jours francs avant l'adjudication, de la décision qu'aura prise à leur égard la commission d'adjudication, dans une séance préparatoire.

Cautionnement.

Art. 4. — Le cahier des charges spéciales de chaque entreprise détermine l'importance des garanties pécuniaires à produire :

Par chaque soumissionnaire, à titre de cautionnement provisoire ;

Par l'adjudicataire, à titre de cautionnement définitif.

Ces cautionnements sont réalisés dans les conditions fixées par le décret relatif aux adjudications et aux marchés passés au nom de l'Etat (1) et par l'instruction relative aux cautionne-

---

(1) Décret du 18 novembre 1882.

ments des soumissionnaires et adjudicataires de fournitures et entreprises pour le compte du Ministère de la Guerre (1).

Le cautionnement définitif est constitué dans le département où se fait l'adjudication, et doit être réalisé dans les vingt jours qui suivent la notification de l'approbation du marché.

Il reste affecté à la garantie des engagements contractés par l'adjudicataire jusqu'à la réception définitive des travaux. Toutefois, le Ministre peut, dans le cours de l'entreprise, autoriser la restitution de tout ou partie du cautionnement.

Approbation de l'adjudication.

ART. 5. — L'adjudication n'est valable qu'après l'approbation de l'autorité compétente. L'entrepreneur ne peut prétendre à aucune indemnité dans le cas où l'adjudication n'est point approuvée.

Si l'approbation du marché n'a pas été notifiée à l'adjudicataire dans un délai de trente jours, à partir de la date du procès-verbal d'adjudication, l'adjudicataire sera libre de renoncer à l'entreprise et, sur la déclaration écrite de cette renonciation, il lui sera donné mainlevée de son cautionnement.

Mais s'il n'a pas usé de cette faculté avant d'avoir reçu la notification de l'approbation du marché, il sera engagé irrévocablement vis-à-vis de l'État par cette notification.

Pièces à délivrer par l'entrepreneur.

ART. 6. — Aussitôt après l'approbation de l'adjudication, le chef du service délivre sans frais, à l'entrepreneur, sur son récépissé, une copie certifiée conforme du procès-verbal d'adjudication, un exemplaire imprimé des présentes clauses et conditions générales et une copie, certifiée conforme, du cahier des charges spéciales, ainsi que des autres pièces qui seraient expressément désignées dans ledit cahier comme servant de base au marché.

____

(1) Instruction du 31 mai 1895.

Frais d'adjudication.

ART. 7. — L'entrepreneur acquitte les droits auxquels pourra donner lieu l'enregistrement de son marché, tels que ces droits résultent des lois et règlements en vigueur.

Il paye, en outre, les droits de timbre du procès-verbal d'adjudication et du cahier des charges spéciales, ainsi que des autres pièces expressément désignées dans ledit cahier.

Les frais d'impression et de publicité restent à la charge de l'administration.

Domicile de l'entrepreneur.

ART. 8. — L'entrepreneur est tenu d'élire domicile à proximité des travaux et de faire connaître le lieu de ce domicile au chef du service. Faute par lui de remplir cette obligation dans un délai de quinze jours à partir de l'approbation de l'adjudication, toutes les notifications qui se rattachent à son entreprise sont valables, lorsqu'elles ont été faites à la mairie de la commune désignée à cet effet par le cahier des charges spéciales.

Après la réception définitive des travaux, l'entrepreneur est relevé de l'obligation d'avoir un domicile à proximité des travaux. S'il ne fait pas connaître son nouveau domicile au chef du service, les notifications relatives à son entreprise sont valablement faites à la mairie ci-dessus désignée.

TITRE II

EXÉCUTION DES TRAVAUX

Défense de sous-traiter sans autorisation.

ART. 9. — L'entrepreneur ne peut céder à des sous-traitants une ou plusieurs parties de son entreprise sans l'autorisation du Ministre.

Dans tous les cas, il demeure personnellement responsable, tant envers l'administration qu'envers les ouvriers et les tiers.

Si un sous-traité est passé sans autorisation, le Ministre peut, soit prononcer la résiliation pure et simple de l'entreprise, soit procéder à une nouvelle adjudication aux risques et périls de l'entrepreneur.

Ordres de service pour l'exécution des travaux.

ART. 10. — Un registre spécial, dit registre d'ordres, est destiné à recevoir l'inscription de tous les ordres, instructions et communications de toute nature qui doivent être notifiés à l'entrepreneur. Ce registre est déposé dans les bureaux du service.

Chaque nouvel ordre, daté et signé, est aussitôt présenté à l'entrepreneur ou à son représentant, dûment accrédité, qui est également tenu de le dater et de le signer. En cas de refus ou d'absence, l'ordre est notifié à l'entrepreneur, à son domicile, par un agent assermenté, qui en dresse procès-verbal.

Lorsque l'entrepreneur ne signe le registre d'ordres qu'avec réserve ou refuse de le signer, il doit formuler ses observations par écrit dans un délai de dix jours francs, à partir de la signature de l'ordre ou de la notification administrative ci-dessus prévue.

Passé ce délai, l'entrepreneur est réputé avoir accepté l'ordre avec toutes ses conséquences.

L'entrepreneur doit se conformer aux prescriptions des ordres de service, quelles que soient les réclamations qu'il ait à présenter. En cas de contestation, l'état des choses et des lieux doit être préalablement constaté, par procès-verbal, en présence de l'entrepreneur ou lui dûment appelé par écrit, si l'exécution de l'ordre donné doit avoir pour effet de le modifier ou de le faire disparaître.

Le chef du service règle l'ordre de succession des travaux et l'époque de leur exécution, à moins de dispositions particulières du cahier des charges spéciales.

Il détermine également, s'il le juge nécessaire, l'importance des moyens à employer en hommes, en matériaux et en approvisionnements, sans que l'entrepreneur puisse se prévaloir des conséquences de la direction ainsi donnée aux chantiers pour réclamer une indemnité, sauf le cas de fausse manœuvre provenant du fait de l'administration.

L'entrepreneur reçoit gratuitement du chef du service, au cours de l'entreprise, une expédition certifiée conforme de chacun des dessins de détail et autres documents nécessaires à l'exécution des travaux. Ces dessins et documents seront rendus à l'administration aussitôt après l'achèvement des travaux.

L'entrepreneur se conforme strictement aux plans, profils, tracés, ordres de service, et, s'il y a lieu, aux types et modèles qui lui sont donnés par le chef du service pour les travaux. Il se conforme également aux changements qui lui sont prescrits, en cours d'exécution des travaux, par la voie du registre d'ordres.

Le règlement des dépenses n'est fait que conformément aux ordres ainsi donnés par écrit, et dans aucun cas, l'entrepreneur n'est admis à invoquer des ordres verbaux pour réclamer le payement des travaux exécutés par lui.

Police des chantiers.

ART. 11. — Le personnel de l'entreprise est soumis, sur les chantiers, à la police des agents de l'administration.

L'entrepreneur est tenu d'observer et de faire observer les consignes établies par le chef du service pour le bon ordre des travaux et la police des chantiers.

Dans les cas graves motivant une arrestation, l'individu, appréhendé par qui de droit, est remis entre les mains de l'autorité judiciaire, conformément aux dispositions des articles 22 et 23 du titre VI de la loi du 10 juillet 1791.

Il est interdit à l'entrepreneur de faire travailler les ouvriers les dimanches et jours fériés.

Il ne peut être dérogé à cette règle que dans les cas d'urgence et en vertu d'une autorisation écrite ou d'un ordre du chef du service.

Présence de l'entrepreneur sur les lieux des travaux.

ART. 12. — Pendant la durée de l'entreprise, l'adjudicataire ne peut s'éloigner du lieu des travaux qu'après avoir fait agréer, par le chef du service, un représentant capable de le remplacer, de manière qu'aucune opération ne puisse être retardée ou suspendue à raison de son absence.

L'entrepreneur se rend dans les bureaux du service et se trouve sur les chantiers de travaux ou dans les ateliers, toutes les fois qu'il en est requis par le chef du service.

Choix des commis, chefs d'ateliers et ouvriers.

ART. 13. — L'entrepreneur ne peut prendre comme commis et chefs d'ateliers que des hommes capables de l'aider et de le remplacer, au besoin, dans la conduite et le métrage des travaux.

Le chef du service a le droit d'exiger le changement ou le renvoi des agents et ouvriers de l'entrepreneur pour insubordination, incapacité ou défaut de probité.

L'entrepreneur demeure d'ailleurs responsable des fraudes ou malfaçons qui seraient commises par ses agents et ouvriers dans la fourniture et l'emploi des matériaux.

Liste nominative des ouvriers.

ART. 14. — Le nombre des ouvriers de chaque profession est toujours proportionné à la quantité d'ouvrages à faire. Pour mettre le chef du service à même d'assurer l'accomplissement de cette condition, il lui est remis périodiquement et aux époques par lui fixées, une liste nominative des ouvriers indiquant, s'il y a lieu, leur nationalité.

Payement des ouvriers.

ART. 15. — L'entrepreneur paye ses ouvriers tous les mois ou à des époques plus rapprochées, si l'administration le juge nécessaire.

En cas de retard régulièrement constaté, l'administration, par application des lois des 26 pluviôse an II et 25 juillet 1891, se réserve la faculté de faire payer d'office les salaires arriérés sur les sommes dues à l'entrepreneur.

Secours aux ouvriers victimes d'accidents.

ART. 16: — Sont à la charge des entrepreneurs toutes les dépenses du service médical de l'entreprise; les soins et secours à donner aux ouvriers victimes d'accidents survenus sur les chantiers et les indemnités à allouer à ces ouvriers, à leurs veuves et à leurs enfants.

Outils, équipages et faux frais de l'entreprise.

ART. 17. — L'entrepreneur est tenu de fournir, à ses frais,

---

tous les locaux, équipages, voitures, apparaux, ustensiles et outils de toute espèce, nécessaires à l'exécution des travaux, sauf les exceptions stipulées au cahier des charges spéciales.

Sont également à sa charge l'établissement des chantiers et chemins de service et les indemnités y relatives, les frais de tracé et de métré des ouvrages, ceux résultant des mesures de police et de voirie édictées par les autorités civile et militaire, et généralement toutes les dépenses et tous les faux frais relatifs à son entreprise.

Carrières désignées au devis.

ART. 18. — Les matériaux sont pris dans les lieux indiqués au devis ou au cahier des charges spéciales.

L'entrepreneur y ouvre, au besoin, des carrières à ses frais.

Il est tenu, avant de commencer les extractions, de prévenir les propriétaires, suivant les formes déterminées par les lois et règlements.

Il paye, sans recours contre l'administration et en se conformant aux lois et règlements sur la matière, tous les dommages qu'ont pu occasionner la prise ou l'extraction, le transport et le dépôt des matériaux.

Dans le cas où le devis ou le cahier des charges spéciales prescrit d'extraire des matériaux dans des bois soumis au régime forestier, l'entrepreneur doit se conformer, en outre, aux prescriptions de l'article 145 du Code forestier, ainsi que des articles 172, 173 et 175 de l'ordonnance du 1ᵉʳ août 1827 concernant l'exécution de ce code.

L'entrepreneur doit justifier, toutes les fois qu'il en est requis, de l'accomplissement des obligations énoncées dans le présent article, ainsi que du payement des indemnités pour l'établissement de chantiers et de chemins de service.

Carrières proposées par l'entrepreneur.

ART. 19. — Si l'entrepreneur demande à substituer aux carrières indiquées dans le devis ou le cahier des charges spéciales d'autres carrières fournissant des matériaux d'une qualité que le chef du service reconnaît au moins égale, il reçoit l'autorisation d'employer ces matériaux et ne subit, sur les prix de l'adjudication, aucune réduction pour cause de diminution des frais d'extraction, de transport et de taille des matériaux ; mais il n'a droit non plus, de ce chef, à aucune indemnité.

A défaut d'accord avec les propriétaires des nouvelles carrières, il peut aussi obtenir l'autorisation de les exploiter.

Défense de livrer au commerce les matériaux extraits des carrières désignées.

Art. 20. — L'entrepreneur ne peut livrer au commerce, sans l'autorisation écrite du propriétaire, les matériaux qu'il a fait extraire dans les carrières exploitées par lui, en vertu du droit qui lui a été conféré par l'administration.

Qualité des matériaux.

Art. 21. — Les matériaux doivent être de la meilleure qualité dans chaque espèce, être parfaitement travaillés et mis en œuvre conformément aux règles de l'art ; ils ne peuvent être employés qu'après avoir été vérifiés et provisoirement acceptés par le chef du service ou par ses délégués. Nonobstant cette acceptation et jusqu'à la réception définitive des travaux, ils peuvent, en cas de surprise, de mauvaise qualité ou de malfaçons, être rebutés par le chef du service et ils sont alors remplacés par l'entrepreneur.

Enlèvement des matériaux et objets sans emploi.

Art. 22. — L'entrepreneur doit enlever des chantiers, dans un délai déterminé par le chef du service, le matériel de l'entreprise et les matériaux refusés ou en excédent après la construction ou en fin de marché, faute de quoi ces objets peuvent être déposés sur des terrains pris en location, ou vendus aux enchères par le ministère d'un officier public, le tout aux frais de l'entrepreneur et sans qu'il puisse élever aucune réclamation.

Dimensions et dispositions des ouvrages.

Art. 23. — L'entrepreneur ne peut, de lui-même, apporter aucun changement au projet.

Il est tenu de faire immédiatement, sur l'ordre écrit du chef du service, remplacer les matériaux ou reconstruire les ouvrages dont les dimensions ou les dispositions ne sont pas conformes aux ordres de service ou aux besoins d'exécution.

Toutefois, si le chef du service reconnaît que les changements faits par l'entrepreneur ne sont pas contraires aux règles de l'art, les nouvelles dispositions peuvent être maintenues ; mais alors l'entrepreneur n'a droit à aucune augmentation de prix, à raison des dimensions plus fortes ou de la valeur plus considérable que peuvent avoir les matériaux ou les ouvrages. Dans ce cas, les métrages sont basés sur les dimensions prescrites par les ordres de service ou les dessins d'exécution. Si, au contraire, les dimensions sont plus faibles ou la valeur des matériaux moindre, les métrés ou les prix sont établis d'après le travail réellement fait.

Démolition d'anciens ouvrages.

ART. 24. — Lorsque l'exécution des travaux comporte la démolition d'anciens ouvrages, les matériaux doivent être déplacés avec soin pour qu'ils puissent être façonnés de nouveau et employés, s'il y a lieu.

Objets trouvés dans les fouilles.

ART. 25. — L'administration se réserve la propriété des matériaux, ainsi que des objets d'art et de toute nature qui se trouvent dans les fouilles et démolitions faites dans les terrains appartenant à l'État, sauf à indemniser l'entrepreneur de ses soins particuliers.

Emploi des matières neuves ou de démolition appartenant à l'État.

ART. 26. — Lorsque, en dehors des prévisions du marché, le chef du service juge à propos d'employer des matières neuves ou de démolition appartenant à l'État, l'entrepreneur n'est payé que des frais de main-d'œuvre et d'emploi, conformément aux indications de l'article 29 ci-après.

Vices de construction.

ART. 27. — Lorsque le chef du service présume qu'il existe, dans les ouvrages, des vices de construction, il ordonne, soit en cours d'exécution, soit avant la réception définitive, la démolition et la reconstruction des ouvrages présumés vicieux.

Les dépenses résultant de cette opération sont à la charge de l'entrepreneur lorsque les vices de construction sont constatés et reconnus.

Pertes et avaries en cas de force majeure.

ART. 28. — Il n'est alloué à l'entrepreneur aucune indemnité à raison des pertes, avaries ou dommages occasionnés par négligence, retard dans l'exécution, imprévoyance, défaut de moyens ou fausses manœuvres provenant de son fait. L'entrepreneur est d'ailleurs responsable des dommages causés aux tiers par suite de retards dans l'exécution.

Les risques de la force majeure sont à la charge de l'entrepreneur, conformément aux dispositions de l'article 1788 du Code civil.

Toutefois, les événements fortuits, susceptibles d'entraver l'exécution des travaux, peuvent, le cas échéant, donner lieu à la concession de sursis, sous la condition qu'ils auront été signalés, par écrit, au chef du service, dans un délai de trois jours au plus après l'événement.

Mention de cette communication est faite au registre d'ordres.

Règlement du prix des ouvrages non prévus.

ART. 29. — Lorsqu'il est jugé nécessaire d'exécuter des ouvrages non prévus ou de modifier la provenance de matériaux, telle qu'elle est indiquée par le devis ou le cahier des charges spéciales, l'entrepreneur se conforme immédiatement aux ordres écrits qu'il reçoit à ce sujet, et il est préparé sans retard de nouveaux prix, d'après ceux du marché ou par assimilation aux ouvrages les plus analogues. Dans le cas d'une impossibilité absolue d'assimilation, on prend pour terme de comparaison les prix courants du pays.

Les nouveaux prix, calculés de manière à être passibles du rabais ou de la surenchère de l'adjudication, après avoir été débattus par le chef du service avec l'entrepreneur, sont soumis à l'approbation du directeur.

Si l'entrepreneur n'accepte pas les décisions du directeur, il est statué par le Conseil de préfecture.

En attendant la solution du litige, l'entrepreneur est payé provisoirement, aux prix fixés par le directeur.

Augmentation dans la masse des travaux.

Art. 30. — En cas d'augmentation dans la masse des travaux, l'entrepreneur ne peut élever aucune réclamation tant que cette augmentation n'excède pas, savoir :

1° Pour les marchés sur devis et pour les marchés sur série de prix passés spécialement pour l'exécution de travaux de création, de grosses réparations ou d'améliorations, le sixième du montant total de la dépense indiquée dans le cahier des charges spéciales ;

2° Pour les marchés sur série de prix pour travaux de réparations et entretien, dans lesquels peuvent éventuellement rentrer certains travaux de création, de grosses réparations ou d'améliorations, dans les limites prévues au cahier des charges spéciales, le quart de l'évaluation des dépenses par exercice indiquée audit cahier.

Si l'augmentation est supérieure aux limites précitées, l'entrepreneur a droit à la résiliation de son marché, sans indemnité, à condition de l'avoir demandée par lettre adressée au directeur, dans un délai de deux mois, à partir de la notification de l'ordre de service dont l'exécution entraînerait cette augmentation de plus du sixième ou du quart selon le cas.

Nonobstant les dispositions qui précèdent, s'il s'agit d'un marché rentrant dans la catégorie définie à l'alinéa 2° ci-dessus, l'entrepreneur peut être tenu de continuer l'exécution du marché, sans indemnité, pendant un délai de trois mois au maximum, à dater du jour où il a formulé sa demande de résiliation.

Diminution dans la masse des travaux.

Art. 31. — I. *Marchés sur devis et marchés sur série de prix passés spécialement pour travaux de création, de grosses réparations ou d'améliorations.* — Lorsqu'en fin de marché, il est constaté que le montant total de la dépense est resté inférieur de plus du sixième à l'évaluation donnée dans le cahier des charges spéciales, l'entrepreneur a droit à une indemnité ; il doit la demander dans un délai de deux mois, qui court du jour de la notification de l'arrêté du décompte définitif afférent à l'exercice dans-lequel les travaux ont été terminés. En cas de contestation, l'indemnité est fixée par le Conseil de préfecture.

II. *Marchés sur série de prix pour travaux de réparations et entretien.* — Dans le cas de ces marchés, dans lesquels peuvent rentrer éventuellement certains travaux de création, de grosses réparations ou d'améliorations, dans les limites prévues au cahier des charges spéciales, lorsque le décompte définitif d'un exercice fait ressortir que le montant total de la dépense est resté inférieur de plus d'un quart à l'évaluation donnée au cahier des charges spéciales, l'entrepreneur n'a droit à aucune indemnité, mais il peut obtenir la résiliation de son marché en en faisant la demande par lettre adressée au directeur dans les deux mois qui suivent le jour de la notification de l'arrêté du décompte définitif.

Nonobstant la disposition précédente, l'entrepreneur peut être tenu de continuer l'exécution de son marché, sans indemnité, pendant un délai de trois mois, à partir du jour où il a formulé sa demande de résiliation.

Changement dans l'importance des diverses natures d'ouvrages des marchés sur devis.

ART. 32. — Dans les marchés sur devis, lorsque les changements ordonnés ont pour résultat de modifier l'importance de certaines natures d'ouvrages, de telle sorte que les quantités prescrites diffèrent de plus de un quart en plus ou en moins des quantités portées au devis estimatif, l'entrepreneur peut présenter, en fin de compte, une demande en indemnité basée sur le préjudice que lui auraient causé les modifications apportées à cet égard dans les prévisions du projet.

Cette disposition est applicable même dans le cas où l'entrepreneur demande soit la résiliation de son marché, soit une indemnité par application des articles 30 et 31 ci-dessus.

Variations dans les prix des matériaux.

ART. 33. — I. *Marchés sur devis.* — Si, au cours de l'exécution de travaux ayant donné lieu à la passation d'un marché sur devis, les prix des matériaux subissent une augmentation telle que la dépense totale des ouvrages restant à exécuter se trouve augmentée d'un sixième comparativement aux estimations du projet, l'entrepreneur a droit à la résiliation de son marché sans indemnité.

La résiliation doit être demandée par lettre adressée au directeur, appuyée de toutes justifications nécessaires.

II. *Marché sur série de prix (quelle que soit la nature des travaux).* — Dans le cas d'un marché sur série de prix, l'entrepreneur a droit à la résiliation de son marché, après l'arrêté du décompte définitif de l'un quelconque des exercices pour lesquels il est passé, si, en appliquant à ce décompte définitif les prix réellement pratiqués dans les transactions courantes pour les divers matériaux, on arrive à un total supérieur d'au moins un sixième au montant brut dudit décompte, calculé d'après les prix de la série, sans tenir compte du rabais ou de la surenchère du marché.

La résiliation doit être demandée par lettre adressée au directeur, dans le délai de deux mois à partir de l'arrêté du décompte définitif ; cette lettre est appuyée de toutes les justifications nécessaires.

S'il s'agit d'un marché pour travaux de réparations et entretien, dans lequel peuvent rentrer certains travaux de création, de grosses réparations ou d'améliorations dans les limites prévues au cahier des charges spéciales, l'entrepreneur pourra d'ailleurs être tenu de continuer l'exécution de son marché, sans indemnité, pendant un délai de trois mois au maximum, à partir du jour où il a formulé sa demande de résiliation.

Marchés sur série de prix auxquels ne sont pas applicables les dispositions des articles 30, 31 et 33.

ART. 34. — Dans les cas exceptionnels où il est passé des marchés sur série de prix pour lesquels le montant des travaux n'est pas indiqué au cahier des charges spéciales, l'entrepreneur ne peut revendiquer le bénéfice des articles 30, 31 et 33 ci-dessus. Aucune demande de résiliation ou d'indemnité basée sur les quantités ou la nature des ouvrages ordonnés, ou encore sur le prix des matériaux à employer, ne peut être admise par l'administration.

Cessation absolue ou ajournement des travaux.

ART. 35. — Lorsque le Ministre ordonne la cessation absolue des travaux, l'entreprise est immédiatement résiliée. Lorsqu'il prescrit leur ajournement pour plus d'une année, soit avant, soit après un commencement d'exécution, l'entrepreneur a droit à la résiliation de son marché, s'il la demande, sans préjudice de l'indemnité qui, dans un cas comme dans l'autre, peut lui être allouée s'il y a lieu.

Lorsque les travaux sont ajournés pour moins d'une année, l'entrepreneur a droit seulement à une indemnité, en cas de préjudice dûment constaté.

Si les travaux ont reçu un commencement d'exécution, l'entrepreneur peut requérir qu'il soit procédé immédiatement à la réception provisoire des ouvrages exécutés, puis à leur réception définitive après l'expiration du délai de garantie.

Mesures coercitives.

ART. 36. — Lorsque l'entrepreneur ne se conforme pas, soit aux dispositions du marché, soit aux ordres de service écrits qui lui sont donnés, un ordre du directeur, sur la proposition du chef du service, le met en demeure d'y satisfaire dans un délai déterminé. Ce délai, sauf le cas d'urgence, n'est pas de moins de dix jours à dater de la notification de l'ordre de mise en demeure.

Passé ce délai, si l'entrepreneur n'a pas exécuté les dispositions prescrites, le directeur, par un second ordre, ordonne l'établissement d'une régie aux frais de l'entrepreneur. Dans ce cas, il est procédé immédiatement, en sa présence ou lui dûment appelé, à l'inventaire descriptif du matériel de l'entreprise.

Il en est aussitôt rendu compte au Ministre qui peut, selon les circonstances, soit ordonner une nouvelle adjudication aux risques et périls de l'entrepreneur, soit prononcer la résiliation pure et simple du marché, soit prescrire la continuation de la régie.

Le Journal Général

de l'Algérie et de la Tunisie

20e ANNÉE

A LGER - Rue Pelissier, 3 - ALGER

Publie les Avis
d'Adjudications
des Travaux Publics
pour l'Etat
les Départements
et les Communes

Pendant la durée de la régie, l'entrepreneur est autorisé à suivre les opérations, sans qu'il puisse toutefois entraver l'exécution des ordres du chef de service.

Il peut d'ailleurs être relevé de la régie s'il justifie des moyens nécessaires pour reprendre les travaux et les mener à bonne fin.

Les excédents de dépenses qui résultent de la régie ou de l'adjudication aux risques et périls sont prélevés sur les sommes qui peuvent être dues à l'entrepreneur, sans préjudice des droits à exercer contre lui en cas d'insuffisance.

Si la régie ou l'adjudication aux risques et périls amène, au contraire, une diminution dans les dépenses, l'entrepreneur ne peut réclamer aucune part de ce bénéfice, qui reste acquis à l'administration.

Décès de l'entrepreneur.

ART. 37. — En cas de décès de l'entrepreneur, le contrat est résilié de droit, sauf à l'administration à accepter, s'il y a lieu, les offres qui peuvent être faites par les héritiers pour la continuation des travaux.

Faillite de l'entrepreneur.

ART. 38. — En cas de faillite de l'entrepreneur, le contrat est également résilié de plein droit, sauf à l'administration à accepter, s'il y a lieu, les offres qui peuvent être faites par les créanciers, pour la continuation de l'entreprise.

TITRE III

RÈGLEMENT DES DÉPENSES

Bases du règlement des comptes.

ART. 39. — A défaut de stipulations spéciales dans le marché, les comptes sont établis d'après les quantités et ouvrages réellement effectués, suivant les dimensions et les poids constatés par des métrés et des pesages faits en cours ou en fin d'exécution, sauf dans les cas prévus par l'article 23, et les dépenses sont réglées d'après les prix indiqués au marché.

L'entrepreneur ne peut, dans aucun cas, pour les métrés et pesages, invoquer en sa faveur les us et les coutumes.

Attachements.

Art. 40. — Les attachements sont pris au fur et à mesure des travaux, par l'agent chargé de la surveillance, en présence de l'entrepreneur et contradictoirement avec lui; celui-ci doit les signer au moment de la présentation qui lui en est faite.

Lorsque l'entrepreneur refuse de signer ces attachements ou ne les signe qu'avec réserves, il lui est accordé un délai de dix jours à dater de la présentation des pièces, pour formuler par écrit ses observations. Passé ce délai, les attachements sont censés être acceptés par lui, comme s'ils étaient signés sans réserves.

Dans le cas de refus de signature ou de signature avec réserves, il est dressé procès-verbal de la présentation et des circonstances qui l'ont accompagnée. Le procès-verbal est annexé aux pièces non acceptées.

Les résultats des attachements inscrits sur les carnets ne sont portés en compte qu'autant qu'ils ont été admis par le chef du service.

Décomptes provisoires.

Art. 41. — En principe, il est dressé tous les deux mois un décompte provisoire des ouvrages exécutés et des dépenses faites, pour servir de base aux payements d'acomptes à faire à l'entrepreneur.

Cet intervalle entre deux décomptes successifs peut être réduit, si des règlements spéciaux à certaines catégories d'entrepreneurs le prescrivent, ou si l'administration le juge utile.

Décomptes définitifs en fin d'exercice ou d'entreprise.

Art. 42. — En fin d'entreprise et à la fin de chaque exercice, il est dressé, par le chef du service, un décompte des travaux exécutés pendant l'exercice.

L'entrepreneur est invité, par un ordre de service dûment notifié, à venir prendre connaissance, dans les bureaux du chef du service, de ce décompte, auquel sont joints les carnets et les

pièces à l'appui, et à le signer pour acceptation ; procès-verbal est dressé de la présentation qui lui en est faite et des circonstances qui l'ont accompagnée.

L'entrepreneur, indépendamment de la communication qui lui est faite de ces pièces sans déplacement, est en outre autorisé à faire transcrire par ses commis, dans les bureaux du chef du service, celles dont il veut se procurer des expéditions.

S'il refuse d'accepter, ou s'il ne signe qu'avec réserves, il doit, dans les trente jours qui suivent la notification de l'ordre de service mentionné au paragraphe 2, formuler par écrit les réclamations qu'il croit devoir faire en dehors de celles périmées par application des articles 10 et 40 ci-dessus.

Il est expressément stipulé que l'entrepreneur n'est point admis à élever des réclamations au sujet des pièces ci-dessus indiquées, après ledit délai de trente jours, et que, passé ce délai, le décompte est censé accepté par lui, quand bien même il ne l'aurait signé qu'avec des réserves dont les motifs ne seraient pas spécifiés.

Le procès-verbal de présentation doit toujours être annexé aux pièces non acceptées.

Revision des prix.

Art. 43. — Les variations dans le taux des salaires pourront donner lieu à révision des prix, conformément aux dispositions des lois, décrets ou règlements sur les conditions du travail dans les marchés passés au nom de l'État [1] et selon les stipulations insérées à cet effet au cahier des charges spéciales.

Il est également tenu compte à l'entrepreneur, en plus ou en moins, des augmentations ou des diminutions apportées après la passation du marché, aux droits perçus par l'État, les départements ou les communes et frappant directement les matériaux entrant dans les ouvrages qui font l'objet du marché, à l'exception des droits de douane, lesquels ne donnent jamais lieu à compensation.

En dehors de ces cas, l'entrepreneur n'est jamais admis à discuter les prix du marché qui ont été consentis par lui.

Reprise du matériel en cas de résiliation.

Art. 44. — Dans les cas de résiliation prévus par les articles 9, 30, 31, 33 et 35 à 38 inclus, l'administration n'est pas tenue

---

[1] Décret du 10 août 1899.

d'acquérir le matériel existant sur les chantiers et pouvant servir à l'achèvement des travaux ; d'autre part, cette cession ne peut jamais être imposée à l'entrepreneur ou à ses ayants droit. La reprise du matériel ne pourra résulter que de conventions amiables.

Dans tous les cas de résiliation, l'entrepreneur est tenu d'évacuer les chantiers, magasins et emplacements utiles à l'achèvement des travaux et situés sur les terrains appartenant à l'État, dans le délai qui est fixé par l'administration.

Les matériaux approvisionnés par ordre et déposés sur les chantiers, s'ils remplissent les conditions du marché, sont acquis par l'État au prix de l'adjudication où à ceux résultant de l'application de l'article 29 ci-dessus.

Les matériaux qui ne sont pas déposés sur les chantiers ne sont pas portés en compte à moins de stipulations spéciales inscrites dans le cahier des charges spéciales ou le devis de l'entreprise.

TITRE IV

PAYEMENTS

Payement d'acomptes.

ART. 45. — Tous les deux mois, en principe, et le plus souvent, si des règlements spéciaux à certaines catégories d'entrepreneurs le prescrivent ou si l'administration le juge utile, l'entrepreneur reçoit des acomptes, sur la production de certificats dans lesquels le chef du service évalue l'importance des travaux exécutés et des approvisionnements réalisés.

Ces acomptes ne doivent pas excéder, soit les 5/6, soit les 11/12 des droits constatés par le chef du service, suivant qu'il s'agit de travaux ordinaires ou de travaux extraordinaires, ce qui est indiqué au cahier des charges spéciales.

Réception provisoire.

Art. 46. — Immédiatement après l'achèvement des travaux, il est procédé à l'examen et, à moins d'impossibilité, à une réception provisoire par le chef du service, en présence de l'entrepreneur, ou lui dûment appelé par écrit. Cette opération fait l'objet d'une inscription au registre d'ordres.

Si l'entrepreneur fait défaut, cette circonstance est mentionnée au registre ; il ne peut, en aucun cas, se prévaloir de son absence.

Réception définitive.

Art. 47. — Il est procédé de la même manière à la réception définitive après l'expiration du délai de garantie.

À défaut de stipulation expresse dans le cahier des charges spéciales ou le devis, ce délai est d'un an pour les gros ouvrages à partir de la réception provisoire.

Pendant la durée de ce délai, l'entrepreneur reste responsable de ses ouvrages et est tenu de les entretenir, sans préjudice de l'action en garantie prévue par les articles 1792 et 2270 du Code civil.

Payement pour solde.

Art. 48. — Le payement pour solde des travaux exécutés pendant l'exercice est effectué au plus tard dans un délai de trois mois après leur réception provisoire, sans attendre l'expiration du délai de garantie qui peut être stipulé au marché, et seulement lorsque l'entrepreneur a justifié de l'accomplissement des obligations énoncées dans les articles 17 et 18.

Si l'entrepreneur n'a pas fourni ces justifications en temps utile, le montant du solde est déposé, en tout ou en partie, à la Caisse des dépôts et consignations, pour n'être ensuite délivré à l'entrepreneur que sur le vu d'un certificat du directeur du service constatant que les prescriptions énoncées au paragraphe précédent ont été remplies.

Si, en raison de contestations sur le montant du solde, l'entrepreneur refuse de le recevoir, le versement à la Caisse des dépôts et consignations libérera l'État de toute obligation relative aux délais de payement.

Intérêts pour retard de payement.

Art. 49. — Les payements ne pouvant être faits qu'au fur et à mesure des fonds disponibles, il ne sera jamais alloué d'indemnité, sous aucune dénomination, pour retard de payement pendant l'exécution des travaux.

Toutefois, si l'entrepreneur ne peut être entièrement soldé dans les trois mois qui suivent la réception provisoire régulièrement constatée, il a droit à des intérêts calculés d'après le taux légal, pour la somme qui lui est due. Mais ces intérêts ne seront payés que sur sa demande et à partir du jour de cette demande.

TITRE V

CONTESTATIONS

Réclamations au sujet de contestations.

ART. 50. — Toute réclamation autre que celles périmées dans les délais fixés par les articles 10, 40 et 42 ci-dessus, y compris les demandes de rétablissement d'omission de chiffres et de redressement d'erreur de calcul, doivent être produites dans un délai de six mois, à dater de la notification faite, conformément aux dispositions de l'article 42, du dernier décompte définitif de l'entreprise.

Le mémoire de l'entrepreneur doit être adressé au Ministre par l'intermédiaire du directeur, qui inscrit la date de sa production sur le registre des titres de créance et en donne récépissé à l'intéressé. Ce mémoire indique les motifs et le montant de chaque réclamation.

Si la décision du Ministre ne donne pas satisfaction à l'entrepreneur, celui-ci doit, à peine de déchéance, saisir le Conseil de préfecture dans le délai de trente jours francs qui suit la date de la notification de cette décision.

Il peut également saisir le Conseil de préfecture dans le cas où le Ministre n'aurait pas répondu dans un délai de trois mois aux réclamations à lui adressées.

Jugement des contestations.

ART. 51. — Conformément aux dispositions légales (1), toute difficulté entre l'adminstration et l'entrepreneur, concernant le sens ou l'exécution des clauses du marché, est portée devant le Conseil de préfecture, qui statue, sauf recours au Conseil d'État.

TITRE VI

CLAUSES DIVERSES

Saisies-arrêts; oppositions.

ART. 52. — Dans les cas de saisies-arrêts ou oppositions sur les sommes ordonnancées ou mandatées, ces sommes sont versées à la Caisse des dépôts et consignations.

Représentants du service militaire

ART. 53. — Le représentant du service militaire vis-à-vis de l'entrepreneur est le chef du service (2), qui peut déléguer tout ou partie de ses pouvoirs aux officiers, ingénieurs ou agents sous ses ordres. Cette délégation est notifiée à l'entrepreneur.

Personnel de l'entreprise.

ART. 54. — Les commis et chefs d'atelier doivent être de nationalité française.

Application des lois, décrets et règlements sur les conditions du travail.

ART. 55. — L'entrepreneur est tenu de se conformer aux lois, décrets et règlements en vigueur sur les conditions du travail dans les marchés passés au nom de l'Etat, dont le cahier des charges spéciales règle l'application.

Conservation des plans, croquis d'exécution et documents écrits.

ART. 56. — Conformément aux dispositions de la loi qui éta-

---

(1) Loi du 28 pluviôse an VIII.

(2) Le chef du service désigné dans le présent cahier est :
Dans le service de l'artillerie, l'officier désigné par le Ministre ou par le directeur pour le service des bâtiments dans l'établissement ou dans l'arrondissement ;
Dans le service du génie, le chef du génie ;
Dans le service des poudres et salpêtres, l'ingénieur directeur de l'établissement.

blit des pénalités contre l'espionnage (¹), l'entrepreneur est personnellement responsable de la conservation des plans, croquis d'exécution ou documents écrits divers qui lui sont remis par l'administration en vue de l'exécution des travaux ou pour toute autre cause.

Hospitalisation des ouvriers civils victimes d'accidents.

ART. 57. — Les ouvriers civils, victimes d'accidents, peuvent être traités dans les hôpitaux militaires.

L'entrepreneur est tenu d'acquitter le montant des journées de traitement d'après les décomptes établis.

En cas de non-payement dans les huit jours qui suivent la notification administrative de ce décompte, le montant en est retenu sur le premier mandat à délivrer à l'entrepreneur.

Emploi de la main-d'œuvre militaire.

ART. 58. — Les soldats et les prisonniers de guerre, ainsi que les condamnés militaires, peuvent être employés à l'exécution des travaux.

Ils sont alors payés directement par l'administration militaire.

L'entrepreneur est tenu de leur fournir le matériel aux prix fixés au marché.

Il ne pourra élever aucune réclamation au sujet de l'emploi de la main-d'œuvre militaire, et il aura seulement le droit d'invoquer, le cas échéant, le bénéfice des articles 30 à 33 ci-dessus.

Application des articles 430, 431 et 433 du Code pénal.

ART. 59. — L'entrepreneur et ses agents sont passibles des peines prononcées par les articles 430, 431 et 433 du Code pénal, dans les cas prévus par ces articles.

---

(1) Loi du 18 avril 1886 (articles 1, 4 et 5).

Droits de timbre et d'enregistrement.

ART. 60. — L'entrepreneur est soumis, notamment en ce qui concerne les droits de timbre et d'enregistrement des comptes et des pièces justificatives, aux dispositions du règlement sur la comptabilité des dépenses du Département de la Guerre, ainsi qu'aux dispositions du décret portant règlement sur les travaux de constructions militaires.

Prorogation facultative des marchés d'entretien.

ART. 61. — L'administration se réserve la faculté de proroger les marchés d'entretien pendant un délai qui ne pourra pas dépasser trois mois.

Notification de cette prorogation et de sa durée sera adressée à l'entrepreneur quinze jours au moins avant l'expiration de son marché.

Mise en vigueur du présent cahier.

ART. 62. — Le présent cahier sera appliqué à tous les marchés de travaux passés à partir du 1er juillet 1902.

Paris, le 19 avril 1902.

Le Ministre de la Guerre,
GÉNÉRAL L. ANDRÉ.

USINES PÉTOLAT DE DIJON
CHEMINS DE FER PORTATIFS, à pose rapide
Voie séparée
Voie raccordée
Agence d'Alger
Directeur : M. A. STANISLAS
113, Rue Sadi-Carnot, MUSTAPHA
MATÉRIEL POUR ENTREPRENEURS ET INDUSTRIELS
VENTE ✠ ACHAT ✠ LOCATION
MACHINES A VAPEUR, LOCOMOBILES, VOIES PORTATIVES, WAGONNETS
Forges, Ventilateurs, Malaxeurs, Bétonnières
APPAREILS DE LEVAGE
LABOURAGES A VAPEUR
TÉLÉPHONE
LETTRES ET TÉLÉGRAMMES
PÉTOLAT, MUSTAPHA
Fournisseur de l'Etat, de la Marine
et des Chemins de fer, etc.
TONNEAU D'ARROSAGE
POMPES D'ÉPUISEMENT
EN TOUS GENRES
A BRAS ET A VAPEUR